AF357190

NOTICE

DES

OUVRAGES ÉLÉMENTAIRES MANUSCRITS,

SUR LA LANGUE CHINOISE,

QUE POSSÈDE LA BIBLIOTHÈQUE NATIONALE,

PAR L. LANGLÈS, *conservateur des manuscrits orientaux.*

NOTICE

Des ouvrages élémentaires manuscrits, sur la langue chinoise, que possède la Bibliothèque nationale; par L. LANGLÈS, conservateur des Manuscrits orientaux.

Quelques-uns de ces manuscrits sont du nombre des inappréciables acquisitions que la bibliothèque nationale a faites depuis dix ans; les autres étaient placés parmi les livres chinois. J'ai cru devoir réunir les uns et les autres sous une même série de numéros, et en former ce que nous appelons un *fonds* particulier, peu nombreux à la vérité, mais utile aux personnes qui voudront se livrer à l'étude de la langue chinoise.

PREMIÈRE PARTIE.

Dictionnaires Chinois expliqués en langues européennes.

N.° I.

DICTIONARIUM SINICO-LATINUM.

Reverendissimi patris Basilii à Glemonâ Itali ; missionarii sacræ Congregationis de propagandâ fide, nec non vicarii apostolici provinciæ Xensinensis, cum indice copioso characteribus inveniendis accomodato,

eorumque sinicis Elementis , ac linearum varie com-
ponentium elencho.

His accessere sinensium Antithetorum, Particularum
numeralium , vocum, quibus additur particula *Tà*,
atque cognominum accuratæ collectiones, cum Cyclo
sinico.

$$\left\{ \begin{array}{c} \text{Constantia} \\ \text{et} \\ \text{Labore.} \end{array} \right\}$$

C A N T O N E.

Anno Domini M. D. CCXXVI.

Manuscrit in-folio de 673 pages sur papier d'Europe. Ce volume fait partie de la magnifique collection de manuscrits dont nos victoires en Italie ont
enrichi la bibliothèque nationale. Il a été tiré de la bibliothèque du Vatican , où il étoit coté 371. Ce n'est
point un des livres les moins précieux que nous ayons
acquis, comme on va en juger d'après la notice un
peu étendue que je crois devoir en donner. Il a été
composé d'après dix auteurs chinois, dont on trouve
les noms immédiatement après le titre même de l'ouvrage. Voici le dénombrement et l'analyse des différentes pièces qu'il renferme.

1.º Une dissertation latine de 11 pages pour faciliter
l'usage du *Dictionnaire*.

2.º Le *Dictionnaire*. Il est écrit avec le plus grand
ordre et toute la clarté que l'on peut désirer. Il contient 506 pages divisées chacune en quatre colonnes.
Les deux plus étroites renferment les caractères chi-

nois , et les deux autres les sons correspondans ex-
primés, autant qu'il est possible, avec nos lettres
romaines, et l'explication de chaque mot avec ses
dérivés. On a placé sur les lettres qui représentent
les sons chinois des signes dont la valeur est indiquée
dans la dissertation précédente.

3.º On trouve ensuite un petit traité qui n'est, à
proprement parler, qu'un tableau où l'on voit la
disposition de certains traits. Il est intitulé : *Latera-
lium Tractuum penicelli index*, et contient trois
pages.

4.º Les 104 pages suivantes contiennent un tableau
analytique fort étendu, et intitulé : *Divisionum vel
Dispositionum tractuum penicelli accuratus liber vel
repertorium*. Il offre la progression des caractères chinois, depuis les traits élémentaires jusqu'aux plus
compliqués. La valeur exprimée en lettres romaines
se trouve auprès de chaque caractère chinois.

5.º Un autre tableau du même genre que le précédent, mais qui ne contient que 12 pages, porte en
titre : *Literarum tractuum penicelli generale repertorium*.

6.º Un recueil intitulé, *Index oppositarum literarum*, offre un rapprochement de mots dont les signi-
fications sont opposées ou contraires l'une à l'autre,
tels que doux, amer ; beau, laid ; ciel, terre, etc.
Ce recueil occupe 20 pages. Les quatre suivantes en
contiennent un autre sous le titre de *Numerale va-
riarum rerum ;* c'est une table destinée à faciliter la
recherche des mots dans le *Dictionnaire*.

7.º Un traité sur la manière de compter es années

des Chinois : *Modus enumerandi annos more sinico ,* (4 pages.)

8.º Un autre traité des fonctions de la lettre Tà : *Hæc litera* Ta *conjungi debet verbis inferioribus.* L'on trouve en effet la série des verbes susceptibles de recevoir cette lettre Ta (6 pages.)

9.º La nomenclature suivante intitulée : *Imperatoris compositio centum familiarum cog nomina continens ,* occupe les sept dernières pages de ce précieux manuscrit.

Nota. Une notice de la main de Giuseppe Cerrù nous apprend que cette copie devoit servir à l'impression de ce Dictionnaire. Ce savant s'étoit chargé do diriger cette importante entreprise qui malheureusement n'a pas eu lieu.

N.º I I.

DICTIONARIUM SINICO-LATINUM.

Manuscrit petit in-4.º de 800 pages papier chinois. Ce Dictionnaire est absolument le même que le n.º I ; et avant d'avoir lu la note italienne de Giuseppe Cerrù, je croyois qu'il avoit été copié sur celui-ci qui vient des missionnaires français. Les feuilles fatiguées prouvent qu'il a été souvent compulsé.

Pour faciliter la recherche des mots chinois, on l'a distribué selon l'ordre de l'alphabet français, et l'on a écrit au haut de chaque page les sons correspondans aux signes qu'elle renferme. Il faut observer que la série des mots dont la première lettre est un Z, termine le Dictionnaire n.° I, tandis qu'elle commence celui-ci, dans lequel le son de cette lettre est exprimé par *tsa*, de manière que le premier mot de ce manuscrit-ci, n°. II, répond à la page 452 de l'autre (n.° I) et que le premier mot de celui-ci répond à la page 89 du n.° II ; excepté cette transposition, le nombre et l'ordre des mots sont absolument les mêmes dans les deux ouvrages.

N.° I I I.

Manuscrit in-fol. sur papier chinois, de 15 à 18 lignes d'épaisseur. C'est aussi un *Dictionnaire chinois-latin* distribué dans le même ordre que les précédens, mais incomplet : beaucoup de caractères manquent d'explication ; mais ils sont parfaitement peints ; ce manuscrit peut avoir son utilité.

N.° I V.

Manuscrit in-folio de 270 feuilles, papier chinois. C'est un *Dictionnaire chinois-latin-espagnol*. Chaque page est divisée en dix colonnes verticales subdivisées chacune en trois parties, portant en tête un caractère chinois, dont l'explication latine et espagnole occupe le reste de l'espace. Les caractères chinois sont de grande dimension, et peints par une main très-habile. La prononciation se trouve au haut des colonnes. Ce Dictionnaire est suivi, comme les n.°ˢ I et II, d'un index très-copieux, pour faciliter la connoissance des clefs et la recherche des caractères.

N.º V.

Manuscrit petit in-4.º de 422 pages, papier chinois C'est un petit *Dictionnaire chinois-espagnol.* Cha.ue page est divisée en quatre colonnes. Les deux plus étroites renferment les caractères chinois, et quelquefois la prononciation avec l'explication en espagnol. Il est fort incomplet.

N.º V I.

Manuscrit petit in-4.º de 512 pages, papier chinois. C'est un *Dictionnaire chinois-espagnol.* Chaque page est divisée en six colonnes coupées chacune par des lignes transversales qui forment des quarrés, dont les uns renferment les caractères chinois et les autres la prononciation , avec une courte explication espagnole.

N.º V I I.

DICCIONARIO DE LENGUA MANDARINA.

Cuyo primer author fue el R. P. Fr. Francisco Diaz, religioso dominico , annadido despues por los RR. PP. desta mission de Sancto-Domingo. — Trasladado, em-ndadas algunas tonadas conforme à los Diccionarios chinicos, puestas algunas letras en las tonadas de otras conforme a los Diccionarios dichos , y annadidas mas tonadas y letras, todo segun los Diccionarios chinicos por Fr. Antonio Diaz. (Dictionnaire de la langue mandarine, composé d'abord par le R. P. François Diaz, dominicain, et augmenté par les RR. PP. de la même mission, de Saint-Domingue, traduit, et corrigé pour les tons conformément aux Dictionnaires chinois, enrichi de plusieurs lettres, et tons conformes à ces mêmes Dictionnaires, etc.) Petit in-4.° de 198 feuilles sur papier chinois. Il contient une dissertation espagno'e sur les cinq tons de la langue chinoise, et la maniere de les représenter, convenue généralement entre les missionnaires.

N.ᵒˢ V I I I. *a. b. c.*

Trois volumes petit in-folio, reliés à la manière chinoise, et écrits sur papier chinois. Le premier peut avoir 100 feuillets, le second 80, et le troisieme 40. Ils forment un *Dictionnaire chinois-français*, écrit avec soin et clarté. Chaque page porte le Chinois sur deux colonnes verticales avec le son et l'explication à côté. Beaucoup de caracteres sont restés sans interprétation.

SECONDE PARTIE.

Dictionnaires de langues européennes expliquées en chinois.

N.° I X.

DICTIONARIUM LATINO-SINICUM.

Manuscrit in-folio de 3 ½ pouc. à 4 pouc. d'épaisseur, papier chinois très-mince. C'est un *Dictionnaire latin-chinois* très-complet et écrit avec le plus grand ordre. Les caractères sont peints par une main habile. Chaque page est divisée en deux colonnes subdivisées chacune en dix bandes horisontales. Les bandes à gauche renferment le latin expliqué par le chinois placé dans l'espace correspondant à droite. Souvent l'explicâtion du mot est accompagnée de plusieurs phrases ou exemples pour en faire mieux connoître le sens. On regrette que la prononciation chinoise ne soit pas indiquée.

N.ᵒˢ X. *a. b.*

DICTIONARIUM LATINO-SINICUM.

Deux volumes in-folio, papier chinois, 2 ½ pouc. à 3 pouc. d'épaisseur. C'est un double du Dictionnaire dont je viens de parler, copié avec tant d'exactitude qu'on le prendroit pour un calque. Le papier cependant en est un peu moins beau, et les caractères sont tracés avec un peu moins de netteté que dans l'autre manuscrit. Il est facheux que, par un excès de modestie, les missionnaires à qui nous devons ces utiles et pénibles ouvrages, aient dérobé leurs noms à notre reconnoissance.

N.ᵒ X I.

Manuscrit in-folio de deux pouces d'épaisseur sur papier chinois. C'est un *Dictionnaire français-chinois,* ou plutôt ce ne sont que les élémens d'un Dictionnaire, car le plus grand nombre des mots manquent d'interprétrations, en outre le chinois n'est écrit qu'en caractères latins.

N.º X I I.

Manuscrit in-4.º de 3½ pouc. d'épaisseur, papier chinois. Ce n'est, comme le précédent, qu'une ébauche de dictionnaire.

N.º X I I I. *a.*

Manuscrit in-4.º sur papier chinois d'un pouce d'épaisseur. C'est un recueil de phrases chinoises traduites en françois. Chaque page est divisée en huit bandes horizontales, et porte en marge en gros caractère le signe chinois qui se trouve intercallé dans les différentes phrases chinoises, à côté desquelles est l'interprétation française.

N°. X I I I. *b.*

Manuscrit in-4.º sur papier chinois de 4 pouces d'épaisseur. Ce manuscrit est l'inverse du précédent. Ce sont des phrases françaises expliqueés en chinois, et rangées selon l'ordre alphabétique pour le mot principal. Ce manuscrit, quoique volumineux, renferme très-peu de choses; la plupart des pages n'étant pas écrits.

––––––––––

Je dois aussi indiquer le DICTIONARIUM LATINO-SINICO-TATARICUM en 3 vol. in-fol. que j'ai placé sous le n.º 1ᵉʳ des livres tatars-mantchoux (1) de la

(5) Dont j'ai formé également un *fonds* particulier, qui n'avoit jamais existé à la Bibliothèque nationale, et qui n'existe dans aucune bibliothèque d'Europe, à moins que ce ne soit dans la bibliothèque impériale de Saint-Pétersbourg. Ce *fonds* ou cette collection forme maintenant plus de

bibliothèque nationale. Je ne répéterai point les détails que j'ai donnés sur cet ouvrage, et sur l'utilité de la langue mantchoue (2) dans le V.ᵉ volume des *notices et extraits des manuscrits de la bibliothèque nationale*, pages 581 - 606. J'observerai seulement que tous les mots et les exemples latins de ce dictionnaire sont traduits à-la fois en chinois et en mantchou; le caractère, quoique petit, est tracé avec beaucoup de netteté, on regrette ce qu'il ne soit pas accompagné de la prononciation en lettres romaines.

Nous possédons aussi à la bibliothèque nationale plusieurs dictionnaires chinois-mantchoux très-étendus et très-volumineux, rédigés par le tribunal établi dans le palais même de l'empereur à Pekin. On pourroit tirer parti de ces ouvrages, par le moyen de la langue mantchoue, avec laquelle il est maintenant aisé de nous familiariser.

quatre-vingts *tao* ou enveloppes qui contiennent autant d'ouvrages originaux, ou traduits du chinois en mantchou, relatifs à la géographie, à l'histoire, à la philosophie et aux langues des deux nations.... Voyez la première partie de ma *Notice des livres mantchoux de la Bibliothèque nationale*, dans le tome V des *Notices et Extraits des Manuscrits*.

(6) D'après le témoignage positif des missionnaires les plus instruits, tels que le vénérable Amyot, « il n'y a pas un bon livre chinois, qui « ne soit traduit en tatar-mantchou. » Cette dernière langue a une écriture alphabétique et des règles assez simples. Ses difficultés n'ont rien de comparable avec celles que présente le langage hiéroglyphique des Chinois, comme je crois l'avoir démontré dans ma *Dissertation sur l'alphabet mantchou*, placée à la tête du *Dictionnaire mantchou françois*, que j'ai publié, en trois volumes in-4.º, chez le C. *Didot l'aîné*, en 1787-1790.

A la suite de ce nouveau *fonds* vient se placer naturellement le travail immense du savant Fourmont, sur la langue chinoise. Ce travail est renfermé dans une trentaine de porte-feuilles , format grand in-fol. et fort épais. Les matériaux de son *dictionnaire* remplissent dix - huit à vingt de ces énormes porte-feuilles.

Le même savant a fait graver sur bois de poirier , aux frais du gouvernement , plus de 5o,ooo caractères chinois , pour son grand dictionnaire. Quelques-uns ont servi à l'impression de sa *Grammatica sinica* , de ses *Meditationes sinicæ* , et de la *liste des empereurs de la Chine* qui se trouve à la fin du 2.ᵉ vol. de ses *Réflexions critiques sur les histoires des anciens peuples.* Les autres , et c'est le plus grand nombre, sont encore adhérents aux petites bandes de bois , sur lesquelles on les a taillés. Un léger trait de scie indique les séparations. On a eu soin en outre d'écrire sur la tige de chaque caractère sa valeur et son numéro.

Cette collection de types chinois, absolument unique en Europe, a été déposée à la bibliothèque nationale, il y a environ cinquante ans ; elle est parfaitement conservée.

L. LANGLÈS.